LE

P. GRATRY

SES DERNIERS JOURS

SON TESTAMENT SPIRITUEL

Paris. — Imprimerie Adolphe Lainé, rue des Saints-Pères, 19.

LE
P. GRATRY
SES
DERNIERS JOURS
SON
TESTAMENT SPIRITUEL

PAR LE

P. ADOLPHE PERRAUD

PRÊTRE DE L'ORATOIRE, ET PROFESSEUR A LA SORBONNE

PARIS

CHARLES DOUNIOL ET Cie, LIBRAIRES-ÉDITEURS

29, RUE DE TOURNON, 29

—

1872

LE

P. GRATRY

SES DERNIERS JOURS

SON TESTAMENT SPIRITUEL

> Testor Jesum et sanctos ejus, me nihil in gratiam, nihil more blandientium loqui, sed quid dicturus sum, pro testimonio dicere.
>
> (S. Hieron., *Ep.*, 108, n° 2.)

Les nombreux amis du P. Gratry savent que j'ai eu la triste consolation de passer auprès de lui les neuf derniers jours de sa vie, de lui donner au moment décisif les suprêmes bénédictions de l'Église, de recevoir son dernier soupir, et de lui fermer les yeux.

Beaucoup d'entre eux savent également ce que le P. Gratry était pour moi depuis le temps de ma jeunesse.

Pour ce double motif, de tous côtés, dès que sa mort a été connue, on s'est adressé à moi ; on m'a supplié de recueillir mes souvenirs et de ne pas garder pour moi seul les trésors dont m'avait enrichi un si long et si intime commerce avec cette grande âme. En outre, j'étais à peine arrivé de Montreux, que Mgr l'archevêque de Paris qui, à mon départ pour la Suisse, m'avait chargé de ses plus affectueuses recommandations pour l'illustre malade, m'invitait à écrire le récit de cette mort dont il m'avait été donné d'être le témoin. Comment ne pas obéir sans retard au désir exprimé par notre vénérable archevêque ? Comment ne pas répondre à l'attente anxieuse de tant d'amis qui, n'ayant pu faire leurs adieux au P. Gratry, étaient d'autant plus impatients de connaître des détails sur lesquels la mort a mis une sorte de consécration ?

C'est donc la douce et paternelle autorité de notre premier pasteur, ce sont les légitimes exigences de l'amitié, qui me mettent la plume à la main et vont me dicter ces pages.

Moi-même, d'ailleurs, je veux demander à ce travail une consolation et un adoucissement à ma douleur. Si les souvenirs que je vais évoquer me font mieux mesurer l'étendue de notre perte, ils me donneront aussi, par un contact plus intime avec ce grand cœur, la force de soutenir sans défaillance la dure épreuve de la séparation. Après sa mort, comme pendant sa vie, plus encore peut-être, le P. Gratry sera toujours l'apôtre de l'espérance. En conversant encore une fois avec lui par ces pieuses réminiscences, je compte recevoir pour moi, et je voudrais partager avec d'autres, ces élans de courage que le Père savait si bien communiquer à tous ceux qui l'entouraient, et qui faisaient de son commerce un perpétuel *sursum corda!*

Bien entendu, il ne peut s'agir ici de raconter la vie du P. Gratry, ni de se livrer à une étude de critique philosophique et littéraire, pour analyser ses ouvrages et marquer la place qu'ils tiendront dans le mouvement intellectuel de ce siècle. Ces travaux viendront à leur heure, et ils demanderont autre chose que ces pages hâtives, écrites au lendemain des funérailles.

Je viens seulement aujourd'hui payer un tribut de reconnaissance et d'affection filiale au prêtre vénéré que Dieu mit sur mon chemin dans les jours de ma jeunesse, pour me conduire à la grâce inestimable du sacerdoce. Je veux recueillir quelques souvenirs qui aideront à le mieux connaître; et, m'inspirant d'une des plus constantes préoccupations de celui que nous pleurons, je voudrais, avec la grâce de Dieu, faire tourner au bien, à la consolation, au solide progrès des âmes qu'il a tant aimées, ce que je vais essayer de dire de la sienne.

I

J'ai commencé à connaître le P. Gratry l'année qui suivit sa nomination à l'aumônerie de l'École normale, et où j'étais moi-même admis à cette école dans la section des lettres

(1847). Il venait de quitter la direction du collége Stanislas, dans laquelle il avait succédé à ce regretté Mgr Buquet que nous conduisions, il y a trois semaines, à sa dernière demeure. On dirait que le premier des deux amis, parti de ce monde pour s'aller reposer au sein de Dieu, a fait signe à l'autre de le suivre, et l'a comme pris par la main.

C'étaient en effet deux amis ; et déjà, pour tous ceux qui ont connu Mgr Buquet, ce cœur si sacerdotal et si bon, auquel Mgr l'archevêque rendait naguère l'hommage le plus autorisé et le plus touchant, ce sera faire l'éloge du P. Gratry de dire que son prédécesseur dans la direction du collége Stanislas, devenu vicaire général de Paris, puis évêque, était resté pour lui l'ami dont la fidélité inébranlable, suivant la parole des Livres saints, fut pour le Père une protection, une consolation et une force [1]. Personne n'avait été plus à même que Mgr Buquet, pendant son long passage aux affaires,

[1] Amicus fidelis, protectio fortis : amicus fidelis, medicamentum vitæ et immortalitatis. (Eccli., VI, 14, 16.)

d'apprécier les inestimables services rendus à la religion et aux âmes par cet apologiste, dont les ardentes convictions s'alliaient à une charité plus ardente encore ; qui n'employa jamais d'autre violence pour attirer les hommes à sa foi que de leur faire sentir qu'il les aimait ; qui sut toujours montrer dans la doctrine de Jésus-Christ, non-seulement la vérité éternelle, mais aussi et surtout la loi de l'éternel amour.

Il n'y a pas encore six semaines, je rendais visite au vénérable prélat dans son modeste appartement de la rue Férou. Il sentait déjà un malaise précurseur de la maladie qui devait nous l'enlever si rapidement. Je me rappelle dans quels termes affectueux il me demanda des nouvelles du pauvre malade de Montreux, et avec quel cordial abandon il m'exprima son estime et sa sollicitude pour lui. L'évêque de Parium est mort le mercredi 17 janvier ; le P. Gratry est mort le mercredi 7 février. Je puis le répéter : l'un des deux amis semble n'avoir précédé l'autre que pour lui préparer une place auprès de lui dans le royaume de la lumière et de la paix : *Vado parare vobis locum.*

Quand je commençai à connaître le P. Gratry à l'École normale, en 1847, j'avais dix-neuf ans, il en avait quarante-deux. Chose étrange, dans un siècle si fécond en précocités intellectuelles qui, pour avoir eu trop grande hâte de se produire, ne produisent rien de durable et de bon, et n'aboutissent la plupart du temps qu'à de pitoyables avortements ; chose plus étrange encore pour un homme déjà complétement préparé à la difficile mission d'écrivain, le P. Gratry n'avait encore rien publié. Jusqu'alors, sa vie s'était tout entière écoulée dans la paisible obscurité des établissements d'éducation.

Élève très-brillant des colléges de Tours et de Paris, lauréat des concours généraux de de 1823 et de 1824[1], élève de l'École polytech-

[1] En 1823, prix d'honneur de rhétorique ; en 1824, second prix d'honneur de philosophie, plus le premier prix de dissertation française. On trouvera dans les *Annales des concours*

nique, longtemps professeur de rhétorique au petit séminaire de Strasbourg, aussi versé dans les sciences mathématiques et naturelles que dans les lettres antiques et modernes, doué d'un esprit très-actif et très-préoccupé des besoins du siècle, il semble que l'abbé Gratry aurait dû, depuis longtemps déjà, être mêlé à ces grandes luttes d'idées et de doctrines où il était appelé à conquérir la première place.

Mais, par une modestie dont le charme rehaussait singulièrement son talent, l'abbé Gratry ne semblait nullement pressé d'attirer l'attention du public. En attendant que la Providence lui donnât le signal et lui frayât sa voie, il se préparait en silence, accumulait par l'étude les richesses intellectuelles dont il devait plus tard faire part à ses frères, et creusait au dedans de lui-même, par de conti-

généraux les deux dissertations couronnées. Le sujet de la première était : *De auctoritate sensus intimi et rationalis evidentiæ ;* le sujet de la seconde : *De l'association de nos idées et de son influence sur nos habitudes intellectuelles et morales*.

nuelles méditations, ces sources d'eaux vives qui devaient jaillir un jour avec une si grande abondance et désaltérer tant d'âmes[1].

Toutefois, sans avoir encore rien écrit pour le public [2], l'abbé Gratry jouissait d'une grande autorité sur le personnel de l'École normale [3]. Maîtres et élèves, tous sentaient en lui un homme supérieur, admirablement préparé à remplir le ministère délicat que lui avait

[1] Aqua profunda ex ore viri, et torrens redundans fons sapientiæ. (Prov., XVIII, 4.)

[2] Son premier ouvrage, publié en 1848, lui fut inspiré par la sanglante tragédie des journées de juin et la mort de Mgr Affre. Il était intitulé *Catéchisme social*, et était précédé des lettres d'approbation de trois évêques, membres de l'Assemblée constituante : Mgr Le Graverend, évêque de Quimper ; Mgr Parisis, évêque de Langres, et Mgr Fayet, évêque d'Orléans. Ce petit volume passa presque inaperçu. Il a été réimprimé l'année dernière sous le titre de *les Sources de la régénération sociale* (Paris, Girard, 30, rue Cassette). On y trouve en germe la plupart des grandes idées morales que le Père devait reprendre et développer plus tard dans ses autres livres.

[3] L'école avait alors pour directeur M. Dubois (de la Loire-Inférieure), ancien député, et pour sous-directeur des études littéraires, M. Vacherot.

confié Mgr Affre. En effet, si exigeant qu'on pût être en fait d'érudition scientifique, il fallait compter avec cet ancien élève de l'École polytechnique, auquel étaient familiers les plus hauts problèmes des mathématiques et de l'astronomie, et qui allait souvent s'en entretenir avec ses illustres amis Ampère et Cauchy. Si versé qu'on fût dans les lettres et dans la philosophie anciennes, on s'apercevait bien vite que l'aumônier de l'École connaissait Aristote et Platon aussi bien que saint Augustin et saint Thomas, et les classiques de la Grèce et de Rome à l'égal de nos grands auteurs du dix-septième siècle. Par-dessus tout, il avait le don de parler à un auditoire difficile le langage le plus propre à concilier aux idées chrétiennes le respect et l'estime de ceux mêmes qui n'avaient pas encore le bonheur de les partager.

Ce sont ces conférences du P. Gratry à la chapelle de l'École normale qui, en me révélant son âme, m'attirèrent à lui[1]. Sa parole,

[1] Que de fois il nous a cité ces lignes de Joubert : « Il n'y

simple, forte, vibrante, toute nourrie de la substance de l'Évangile, pleine à la fois de science et de poésie, d'enthousiasme et de raison, éloquente sans phrases, belle de forme comme l'antique, conciliait admirablement avec les dogmes immuables ces idées et ces aspirations qui s'approprient aux besoins de chaque siècle et qui ont rendu l'Église apte à instruire, à guérir et à sauver tous les temps. C'était bien l'apôtre qui, suivant la parabole évangélique, savait faire sortir de son âme, pour en enrichir les autres âmes, les trésors anciens et les trésors nouveaux: *Profert de thesauro suo nova et vetera* (Matth., XIII, 52).

J'avais entendu auparavant de grands orateurs, et j'avais senti plus d'une fois le glaive

a de beau que Dieu, et après Dieu, ce qu'il y a de plus beau, c'est l'âme, et après l'âme la pensée, et après la pensée la parole. Or donc, plus une âme est semblable à Dieu, plus une pensée est semblable à une âme, et plus une parole est semblable à une pensée, plus tout cela est beau. » (*Pensées de Joubert*, II, p. 38.) Je trouve dans ces lignes la définition très-exacte et comme la photographie de la parole du P. Gratry.

de leur éloquence aller, comme dit saint Paul, jusqu'à la moelle de l'âme[1]. Je dois dire cependant que cette parole du P. Gratry, qui n'était qu'une conversation sur les choses de Dieu, me pénétrait et me remuait davantage. Vis-à-vis de lui, il n'y avait point à se mettre en garde contre les artifices de la rhétorique ; il les ignorait ou les dédaignait, et, précisément à cause de cela, il atteignait très-sûrement ce fond des cœurs où sa parole laissait après elle je ne sais quel inexprimable malaise mêlé aux plus fortes émotions, un profond dégoût de tout ce que la vie présente a de vulgaire et d'incomplet, avec le besoin de contempler de plus près, et de posséder plus intimement Celui qui est à la fois la souveraine vérité, la beauté idéale et le souverain bien.

Quand on l'avait entendu, on voyait le christianisme sous un jour tout nouveau ; on

[1] Vivus sermo Dei, et efficax, et penetrabilior omni gladio ancipiti et pertingens usque ad divisionem animæ ac spiritus, compagum quoque ac medullarum. (Hebr., IV, 12.)

apercevait les harmonies de la doctrine révélée avec tout ce qu'il y a de plus grand dans la raison, on se sentait invinciblement attiré par le désir de devenir meilleur et plus pur, afin de pouvoir pénétrer plus avant dans l'intelligence de cette divine philosophie.

J'ai dit ailleurs[1], et je demanderai la permission de rappeler ici en peu de mots, dans quelle situation religieuse le mouvement de 1848, qui suivit de quelques mois mes premières relations avec l'abbé Gratry, avait mis l'École normale.

C'était le temps de ces universelles et interminables discussions auxquelles on aurait pu donner pour titre, comme à certaines thèses fameuses du moyen âge: *De omni re scibili*. En effet, je ne sache pas une question de littérature, de morale, de politique, de philosophie, de religion, d'économie sociale, qui ne fût agitée dans cette réunion de cent

[1] Dans la notice nécrologique que j'ai consacrée à la mémoire de l'abbé Cambier, mort en Chine, mon condisciple à l'École normale, et plus tard mon confrère à l'Oratoire.

et quelques jeunes gens arrivés tous à l'âge où les grands horizons de la pensée et de la vie se dévoilent presque tout d'un coup à l'homme de vingt ans, lui inspirent le désir de tout savoir, et mettent l'intelligence dans cette sorte d'ivresse où l'on peut dire que, tour à tour et tout à la fois, elle aime à douter de tout et ne sait douter de rien.

On pense bien que les mystères du christianisme, son histoire, ses institutions, ses pratiques, ne trouvaient pas plus grâce que le reste devant cette ardeur de critique et cette liberté de discussion qui pouvaient changer d'objet, mais ne changeaient pas de méthode. N'avions-nous pas alors un maître de conférences qui employait plus de vingt leçons, d'une audition un peu pénible, à nous démontrer la non-authenticité des œuvres d'Homère et la non-existence du personnage connu sous ce nom? Le procédé qu'une critique plus ennuyeuse que dangereuse appliquait à ces vieux problèmes d'érudition classique, d'autres s'en emparaient et s'en faisaient des machines de guerre contre le caractère révélé du christianisme et contre la divine mission de son fondateur. Mais, si l'Évangile avait des contradicteurs et des adversaires passionnés, il comptait aussi des soldats et des défenseurs résolus. De là, un travail incessant de polémique auquel on apportait de part et d'autre toute la franchise et toutes les audaces d'un âge qui n'a pas encore appris à se ménager par intérêt, qui a en horreur les démarches cauteleuses, les réticences hypocrites, les opinions dissimulées, et rachète du moins par sa sincérité ses intempérances d'opinions et de langage.

Au milieu de ces luttes de tous les instants, ceux qui tenaient à honneur de défendre le drapeau de la foi chrétienne sentirent bien vite le besoin de concerter leurs efforts; et, pour ne pas laisser le dernier mot aux objections des incrédules, de travailler à fond ces grands problèmes religieux autour desquels se livraient de si ardents combats.

L'abbé Gratry ne demandait pas mieux que

de nous seconder dans une entreprise qui répondait si bien à ses aptitudes d'apologiste et à son zèle d'apôtre. Habitués par nos travaux de l'École à aller toujours droit aux textes originaux et aux sources, nous n'avions qu'à être guidés par un théologien pour apprendre la tactique de cette sorte de guerre sacrée. Avec quelle ardeur on étudiait ces questions! Quelle joie, quand un de nous avait trouvé dans l'Écriture et dans les Pères quelque réponse victorieuse à la difficulté soulevée la veille! Archimède n'aurait pas dit avec un enthousiasme plus sincère son fameux εὕρηκα, quand nous avions mis la main sur ce texte décisif dont on nous avait contesté l'existence, et notre cher aumônier n'était le dernier ni à être informé de nos découvertes, ni à nous apprendre le secret d'en tirer parti.

C'est alors, et grâce à cette fermentation intellectuelle, que plusieurs d'entre nous entrevirent ce qu'il y aurait de fécond pour l'apologétique et pour le développement de la science chrétienne, dans une association libre d'hommes habitués aux recherches de l'érudition fécondée par la prière, qui se réuniraient pour travailler en commun tous ces problèmes religieux et moraux si violemment controversés de nos jours, et qui, forts de la bénédiction promise par le Sauveur « à ces deux ou trois rassemblés en son nom[1], » formeraient un groupe d'ouvriers évangéliques, uniquement voués à la mission de défendre et de propager la foi par la parole et par la plume.

Cette idée ne fut d'abord qu'un germe latent dont la forme définitive n'apparaissait clairement à personne, pas même à celui qui nous encourageait le plus à la garder fidèlement dans nos cœurs. C'est cependant cette idée qui, fécondée par la grâce de Dieu, devait décider de la destinée et de la vocation de plusieurs d'entre nous.

J'ai déjà dit ces choses lorsque, il y a six ans, j'ai écrit quelques pages sur un témoin et un acteur de ces événements, notre cama-

[1] Matth., XVIII, 20.

rade Cambier, sorti de l'École normale en 1851, et mort quinze ans après en Chine, où il avait été, comme missionnaire apostolique, porter la lumière de l'Évangile.

Mais j'y dois revenir aujourd'hui, pour essayer de faire comprendre ce que notre vénéré maître était pour nous, quelle influence son caractère, sa foi, ses convictions exercèrent sur plusieurs des âmes confiées à ses soins; jusqu'à quel point il fut, dans cette aumônerie de l'École normale, un apôtre tout dévoré de zèle pour la vérité chrétienne, et soufflant de son cœur dans d'autres cœurs la flamme dont il était consumé lui-même : *Ignem veni mittere in terram, et quid volo nisi ut accendatur?* (Luc., XII, 49.)

Oui, vraiment, c'était en paroles de feu qu'il nous exhortait à porter nos pensées et nos désirs au-delà des fragiles espérances de cette vie, nous apprenait au prix de quels combats et de quels déchirements intérieurs il avait passé de l'incrédulité à la foi, et de la simple profession de cette foi au besoin de la communiquer par l'apostolat, et enfin qu'il nous décrivait la joie profonde, toujours grandissante, dont la source s'était ouverte en lui le jour où il s'était consacré pour toujours à Jésus-Christ et aux âmes dans le sacerdoce.

Près de vingt-cinq ans se sont écoulés depuis; mais ces paroles de notre maître se sont gravées au fond de mon âme en caractères ineffaçables, et je redirais encore aujourd'hui ce que nous nous disions alors les uns aux autres, lorsque, comme les disciples d'Emmaüs, nous échangions nos impressions : « Est-ce que nos cœurs ne brûlaient pas au dedans de nos poitrines tandis qu'il s'entretenait avec nous dans le chemin et qu'il nous expliquait les Écritures? » *Nonne cor nostrum ardens erat in nobis, dum loqueretur nobiscum in via et aperiret nobis Scripturas*[1]*?*

Mais que dire de cette action plus cachée, qui s'exerce, non plus par le discours public destiné à tous, mais par l'exhortation indivi-

[1] Luc, XXIV, 32.

duelle allant directement aux besoins de chaque conscience, et créant ce commerce intime des âmes sur lequel le christianisme a mis une auréole toute divine, et dont il a fait une des plus grandes forces qui soutiennent le monde moral ?

C'est alors que l'abbé Gratry commença d'être pour plusieurs d'entre nous ce qu'il demeurera toujours, même à travers l'abîme de la mort et de la tombe, un père, un vrai père ; c'est-à-dire, non-seulement le conseiller le plus sûr et le plus compatissant, l'ami le plus ferme et le plus tendre, mais l'homme à la parole féconde qui forme et développe Jésus-Christ dans les âmes, pour les conduire à la virilité de la vie chrétienne.

Monter, monter plus haut, monter encore, monter toujours ;

Aller de l'égoïsme au sacrifice, de la vie naturelle à la vie transfigurée, du bien au mieux ;

Creuser dans son âme, par le recueillement, et par une attention plus fidèle à la grâce divine, de nouvelles profondeurs;

Se renoncer toujours davantage pour entrer davantage dans la vie universelle de la charité;

Nourrir sa pensée de la substance de la pensée divine, en faisant chaque jour à la lecture des saintes Écritures, et particulièrement de l'Évangile, une place privilégiée au milieu même de la vie la plus laborieuse;

Trouver dans la prière, dans la pureté de la vie, dans des relations plus fréquentes avec Jésus-Christ vraiment présent dans l'Eucharistie, le moyen infaillible de connaître mieux la vérité et de devenir plus capable de la communiquer aux âmes;

Avoir pour ces âmes rachetées du sang d'un Dieu, un amour généreux, tendre, dévoué;

Ne rester étranger à aucune des souffrances de l'humanité, et se pénétrer à leur égard des sentiments de celui qui avait « compassion des foules » : *Misereor super turbam!*

Telle était bien la direction que l'aumônier de l'École normale imprimait à ces jeunes catholiques de vingt à vingt-cinq ans, qui venaient étudier avec lui le secret de leur vocation, et auxquels il rappelait souvent tout cet ensemble d'idées par ce mot de l'Évangile : « Mon ami, montez plus haut! » *Amice, ascende superius!*

O maître et père bien-aimé, il y a peu de temps, elle m'est revenue au cœur, cette parole que vous nous répétiez aux jours déjà lointains de notre jeunesse! C'était l'avant-veille de votre mort! Déjà vous étiez entré dans le grand silence. J'étais agenouillé près de ce lit qui allait devenir le théâtre de votre agonie! Je ne sais comment je fus amené à vous rappeler quelques-uns des souvenirs de notre vie d'autrefois, et à vous remercier de tout le bien que vous aviez fait à mon âme, puisque Dieu s'était servi de vous pour l'appeler à l'honneur inestimable et à l'immense bonheur du sacerdoce. Avant de vous demander votre bénédiction, je vous redis, pour vous encourager dans vos angoisses et vos souffrances, la parole du béni Sauveur : « *Amice, ascende superius!* »

Le surlendemain, cette même parole était doucement murmurée à l'oreille de votre âme; mais ce n'était plus une bouche mortelle qui vous l'adressait, c'était l'ange libérateur qui venait vous dire, de la part du maître : « Mon ami, montez plus haut! »

Et vous nous avez quittés!

II

Quelques années après, cette idée de travail en commun, au service de la science chrétienne, n'était plus seulement une vague idée et une généreuse aspiration de quelques jeunes gens, encore indécis sur leur vocation définitive. Dieu nous donnait de la voir réalisée dans cet Oratoire à la fondation duquel le P. Gratry prit une si grande part en 1851 et 1852.

Ici, il vaut mieux que je le laisse parler lui-même. Dans le beau livre qu'il a consacré à la mémoire d'Henri Perreyve, il a raconté, mieux que je ne saurais le faire, ce que furent les commencements de cette entreprise :

« Il se trouva qu'un jour, avec une émotion profonde et une joie qui ne peut se décrire, ce groupe d'amis unis en Dieu prit possession de sa terre promise, laquelle était un humble toit capable d'abriter sept personnes. Le rêve était réalisé, en son germe, du moins. C'est là qu'ils allaient vivre ensemble, prier ensemble et travailler ensemble.

« Alors se déroulèrent, dans l'enthousiasme d'une vie naissante, quelques années de vrai bonheur, de vie intime et fraternelle, d'amitié sainte, de véritable fécondité d'esprit et d'âme.

« Là, les intelligences sentaient qu'elles étaient bien pour étudier ensemble la vraie philosophie à la fois théorique et pratique, et pour entrer dans la théologie à la fois par le cœur et par l'esprit[1]. »

[1] Le P. Gratry, *Henri Perreyve*, p. 106.

Certes, ceux qui ont connu intimement, comme moi, Henri Perreyve et le P. Gratry, peuvent se faire une idée du réel bonheur de cette vie dont ces belles âmes étaient comme le foyer lumineux et ardent. Non, il est impossible de se rappeler sans une émotion profonde ces ravissants souvenirs, cette bienheureuse vision de paix, *beata pacis visio,* cette cité intellectuelle et cordiale « où tous se comprenaient et s'aimaient », où tous avaient la ferme volonté de devenir d'humbles serviteurs de la vérité chrétienne, en attendant que les plus jeunes pussent, à l'exemple de leurs aînés, en devenir les apôtres.

De plus en plus, dans ce commerce intime des esprits et des cœurs, notre maître devenait un père pour nous, un vrai père, qui nous faisait vivre de la vie de son intelligence, et nous associait à ses travaux, non comme ses ouvriers et ses serviteurs, mais comme ses enfants.

Il achevait alors d'écrire sa *Connaissance de Dieu.* Il y a tel chapitre de ce livre dont la rédaction n'a été définitivement arrêtée par sa plume qu'après que chacun de « *ses enfants* » y avait apporté son contingent de recherches, de textes trouvés dans les livres, ou de pensées dues à la méditation. C'est par cette méthode que furent étudiés en particulier tous les problèmes de philosophie et de théologie impliqués dans la haute et délicate question des rapports de la foi avec la raison.

Plusieurs jours étaient donnés à chacun pour y penser dans le silence de la prière et dans le recueillement du travail. Puis on se réunissait, on examinait les divers points de vue de la question, on les discutait, et d'ordinaire on tombait d'accord sur la solution définitive. Alors le Père, se renfermant pendant ses longues matinées de travail, écrivait ces pages où son âme et sa pensée, suivant une comparaison qui lui était familière, étaient comme un épi tout plein d'autres pensées et d'autres âmes, et, par là même, d'autant plus fécond.

Sous une autre forme, ses homélies à la

chapelle de l'Oratoire étaient une heureuse provocation au travail en commun sur les grandes idées de la foi. Mais alors le petit cénacle s'élargissait. Nous, *les enfants*, employés aux cérémonies du saint sacrifice, ou cachés derrière l'autel, nous buvions avidement ces paroles qui renouvelaient chaque dimanche dans nos cœurs les meilleurs souvenirs et les plus généreux enthousiasmes du premier appel. Les fidèles aussi recevaient leur part du travail et de la méditation en commun. Le Père recommandait instamment à ses auditeurs qu'ils eussent grand soin de lire d'avance pendant la semaine et d'étudier pour leur compte la page de l'Évangile qui devait être commentée dans l'homélie du dimanche suivant. Il voulait par là établir entre son auditoire et lui une véritable communion de pensées et de sentiments, et rendre plus efficace l'action de la parole apostolique, en la faisant précéder et préparer dans chaque âme par ce travail de recherche et de prières personnelles. Cela revenait toujours au procédé fondamental de nos grands mystiques : ramener les âmes du dehors au dedans, pour les élever ensuite, de degré en degré, à des hauteurs nouvelles, *ab exterioribus ad interiora*, *ab interioribus ad superiora.*

Les homélies de la chapelle de l'Oratoire ont été faites plusieurs années de suite[1]. Dire qu'on s'y écrasait est à peine une métaphore. Partout où une chaise pouvait être placée, et souvent jusque sur les degrés de l'autel, on introduisait un auditeur de plus. M. Guizot fut vu plus d'une fois dans cette humble chapelle où se pressait l'élite intellectuelle et politique de la société parisienne. M. de Montalembert était un des plus assidus à venir entendre cette parole si vivante, dont le grand orateur politique et l'ami du P. Lacordaire faisait tant d'estime. Le 4 décembre 1853,

[1] J'ai recueilli par des notes très-complètes celles qui furent faites depuis le premier dimanche de l'Avent 1853 jusqu'au jour de la Pentecôte 1854. Je ne tarderai sans doute pas à donner au public ces vingt-cinq homélies, qui me paraissent destinées à faire encore beaucoup de bien.

deuxième dimanche de l'Avent, le P. Gratry avait commenté le chapitre de l'Évangile de saint Matthieu où Notre-Seigneur Jésus-Christ appelle saint Jean-Baptiste « plus que prophète ». L'homélie achevée, et le Père rentré dans sa chambre, on lui remit une carte; c'était celle de M. de Montalembert. L'illustre comte y avait écrit au crayon ces paroles, expression si délicate de son admiration émue : *Plus quam prophetam!*

Plus tard, le 12 mars 1854, second dimanche de Carême, on venait d'apprendre la mort sinistre de l'infortuné M. de Lamennais, et tout Paris était consterné. Le P. Gratry expliqua l'évangile de la Transfiguration où il est question du possédé qui se jetait tantôt dans l'eau et tantôt dans le feu, que les apôtres ne purent guérir, et qui fut amené au Sauveur. Le Père fit une saisissante application de ce passage à l'homme qui, après avoir, en 1818, presque nié les droits légitimes de la raison sous le prétexte dangereux d'exalter ceux de la foi, avait fini par méconnaître tout ensemble l'autorité de la foi et les principes de la raison, et s'était définitivement jeté dans le plus dangereux des panthéismes et dans le socialisme le plus exalté. « Les disciples, disait le P. Gratry, ne purent guérir ce malheureux possédé, et Jésus leur reprocha de n'avoir pas eu assez de foi. Et nous aussi, sans doute, si nous avions eu plus de foi, nous aurions guéri ce malade. Mais qui nous dit que le Sauveur Jésus ne l'a pas guéri au dernier moment? Oui, peut-être, à la dernière heure, Jésus aura touché ce pauvre malade et chassé le démon: peut-être, alors, il sera redevenu libre et il aura bien choisi! »

Dans les accents de cette foi si vive et de cette incomparable charité on a tout entière l'âme du P. Gratry.

Une autre fois, le Père s'adressait spécialement aux jeunes gens mêlés dans l'auditoire, les conjurait de dédaigner les faux biens et les fausses joies de ce monde, de poursuivre avant tout l'avénement du royaume de

Dieu, d'avoir faim et soif de justice et de vérité. Et à ceux qui venaient lui promettre de faire en ce sens un effort sérieux, à quelque temps de là, il remettait, en souvenir de leur engagement, une petite croix d'argent sur laquelle il avait fait graver ce mot du Sauveur dans l'Évangile: *Esurivi*, « J'ai eu faim. »

Chère petite croix, je ne doute pas qu'elle ne soit encore fidèlement portée sur plus d'un noble cœur. Si ces lignes tombent sous les yeux de ceux qui reçurent alors des mains du Père ce symbole d'une croisade toute de lumière et de charité, prêchée pour vaincre les ténèbres et le mal, que ceux-là, en souvenir du bien-aimé Père, renouvellent devant sa mort et devant sa tombe le serment d'avoir toujours faim de bonté, de beauté, de vérité, pour eux, pour leurs frères, pour le monde tout entier!

Hélas! qu'est devenu ce printemps de notre vie sacerdotale? Qu'est devenu lui-même ce groupe d'intelligences et de cœurs si fortement liés ensemble par des amitiés toutes divines[1], et où l'unique passion était d'établir le règne de Jésus-Christ dans le monde? Avec la marche du temps, que de déceptions, que de désillusions amères, que de douloureuses séparations! Henri Perreyve est mort, il y a sept ans, dans toute la fraîcheur de la vie, et déjà dans tout l'éclat du talent. Le P. Cambier est mort en Chine, un an après, en annonçant l'Évangile aux infidèles. D'autres qui s'étaient joints au groupe primitif, attirés par la communauté des idées et la sympathie des sentiments, nous ont été enlevés, et parmi eux cet intelligent Anatole de la Bastie[2] qui nous promettait un esprit si ferme, si apte à l'étude des grandes questions de la théologie, si âpre au travail, si décidé à se

[1] Oui, c'est bien là que s'appliquait ce beau mot de Bossuet : « L'amitié est un commerce pour s'aider à mieux jouir de Dieu. »

[2] Voir la très-intéressante notice que le P. Largent a publiée sur ce jeune prêtre, mort de la poitrine à Pau, en 1866, âgé seulement de vingt-neuf ans. (Paris, chez Douniol.)

donner tout entier aux idées qui avaient ravi notre jeunesse.

D'ailleurs, il n'y a pas que la mort qui sépare et qui disperse. La vie n'a-t-elle pas aussi ses duretés, ses contentions, ses chocs douloureux, ses terribles malentendus? Les hommes mêmes qui veulent le bien avec le plus de sincérité et le plus d'ardeur n'échappent pas toujours à cette dure loi, où se voit si tristement l'empreinte inexorable de notre native misère!

Déjà même, avant la mort de l'abbé Perreyve, la compacte unité du groupe primitif avait été atteinte, et ceux que le P. Gratry appelait si justement « ses enfants » avaient la douleur de ne plus vivre sous le même toit que leur père, et de ne pouvoir plus, comme autrefois, à chaque instant, partager la vie de sa pensée et de son cœur.

Toutefois, si le foyer primitif où s'étaient allumés de si ardents désirs pour le bien était déplacé, il n'était pas éteint. Le beau cabinet de travail du Père, rue Barbet-de-Jouy, avec ses larges horizons, sa vue étendue jusqu'aux coteaux de Meudon et de Sèvres, la splendide lumière des soleils couchants qu'on voyait descendre lentement derrière le dôme des Invalides, redevint comme un nouveau cénacle où se continuaient, entre lui et les plus fidèles de ses anciens disciples, les entretiens de l'École normale et de l'Oratoire.

A travers tous les incidents et toutes les difficultés de la vie, le Père, travaillant sans relâche, ajoutait chaque année au nombre de ces pages qui faisaient rayonner au loin la lumière, et multipliaient souvent à son insu le nombre des chrétiens. Après la *Connaissance de Dieu*, publiée en 1853, étaient venues successivement la *Connaissance de l'âme*, *la Logique*, le *Mois de Marie de l'Immaculée-Conception*, pieux et profond livre destiné à expliquer et à glorifier le privilége décerné à la sainte Vierge en 1854; puis *la Paix*, où le P. Gratry avait plaidé par des accents si émus la cause de ces nations opprimées, dont les douleurs lui arrachaient des larmes, et qui firent de lui le plus constant ami et le plus courageux défenseur de l'Irlande et de la Pologne, de cette dernière surtout, au sujet de laquelle il a dit cette parole sublime : « L'Europe est en état de péché mortel, depuis qu'elle a laissé accomplir le partage de la Pologne; » la *Philosophie du Credo*, dont le manuscrit, envoyé en Belgique, avait beaucoup aidé à la conversion du vaillant et si regretté général de Lamoricière; enfin, dans les dernières années, *les Sophistes et la critique*, les *Lettres sur la religion*, le *Commentaire de l'Évangile selon saint Matthieu*, la *Biographie d'Henri Perreyve, la Morale et la loi de l'histoire.*

Ainsi, philosophie pure, philosophie appliquée à la morale, morale appliquée à la politique et à l'histoire, polémique contre le matérialisme et l'athéisme, pieuses effusions d'une âme recueillie devant les beautés virginales de la Mère de Dieu, ou devant les incomparables splendeurs de l'Évangile: tout cela se succédait sous cette plume, qui n'évitait peut-être pas assez les redites, mais qui demeurait toujours originale, et avait au plus haut degré le don d'exprimer simplement les grandes choses.

Cette langue si pure, de si bon aloi, si différente de ce style surmené, à l'aide duquel on essaye souvent de dissimuler aux autres et à soi-même le vide absolu de la pensée, classera le P. Gratry parmi les premiers écrivains de ce siècle, et marquera son élection à l'Académie française comme un des choix qui auront le plus honoré l'illustre compagnie.

Mais ce à quoi le Père tenait davantage, ce dont il avait le droit de se réjouir devant Dieu et dans le cercle de l'intimité, c'est que les petits et les simples comprenaient ses livres, les goûtaient, et se laissaient ravir, eux aussi, à l'amour enthousiaste de ces grandes pensées exprimées dans un langage digne des Platon et des Malebranche.

Il y a plusieurs années, un prêtre de province vint voir le P. Gratry dans la petite ville qu'il habitait. Je ne sais trop comment le livre de *la Connaissance de l'âme* était tombé entre les mains de deux ouvrières dont jusqu'alors la vie n'avait été rien moins que chrétienne. Dieu daigna se servir de cette lecture pour toucher ces deux âmes. La vie suivant la foi et suivant Jésus-Christ leur apparut dans ce livre si belle, si digne d'être conquise au prix de tous les sacrifices, qu'elles n'hésitèrent pas à l'embrasser. Cette grande philosophie, comme autrefois celle des Justin et des Athénagore, convertissait les âmes, et étendait au loin le règne de l'Évangile. Ce penseur éminent, cet écrivain original, était par-dessus tout un apôtre et un pêcheur d'hommes.

Je cite ce fait, parce que j'en ai eu la connaissance personnelle. Mais que d'autres faits semblables dont Dieu seul aura été le témoin et le confident! Que d'âmes touchées, éclairées par cette admirable méthode d'apologétique, où la charité tient une aussi grande place que la science, et où le cœur s'unit à la raison pour triompher de l'esprit et pour gagner les âmes à la cause de Dieu[1] ! Heureuses victoires qui ne font couler que les larmes d'un pieux repentir et de la reconnaissance! Et quel bonheur pour nous de penser que ces pages demeurent pour travailler encore à la conversion des âmes, et pour continuer, malgré la mort, l'apostolat si fécond du P. Gratry!

D'ailleurs, si quelque chose soutenait le Père dans l'accomplissement de sa mission d'écrivain au service de l'Évangile, c'était le continuel désir d'arriver aux âmes, de les persuader, de les transformer, de les transfigurer. Il n'avait jamais eu d'autre pensée; mais plus il avançait dans le travail et dans la vie, plus il se désintéressait des questions de spéculation pure, pour s'attacher par-dessus tout aux questions vivantes et pratiques, à

[1] Le P. Gratry a eu souvent la joie de voir venir à lui, après vingt ou trente ans de séparation, ses condisciples de l'École polytechnique, ramenés, par la lecture de ses ouvrages, au désir de retrouver la foi, et s'agenouillant aux pieds de leur ancien camarade pour se relever chrétiens.

celles qui se résolvent en certitudes pour l'esprit, en consolations et en vertus pour le cœur. Le temps me manque pour retrouver dans un de ses ouvrages le passage où il exprime en termes émus ce besoin d'aller droit aux vérités qui peuvent seules rendre les hommes meilleurs. Il s'était rencontré là, comme en bien d'autres points, avec ce grand métaphysicien chrétien du dix-septième siècle, avec ce Malebranche, dont son génie et sa vocation l'avaient deux fois rendu frère.

« Mon unique maître, disait l'illustre oratorien d'autrefois, je ne veux plus vous consulter que sur les vérités qui me sont nécessaires pour conduire à la possession des vrais biens. Le temps est court, la mort approche, et je dois entrer dans l'éternité tel que je l'aurai mérité. La pensée de la mort change toutes mes vues et rompt tous mes desseins. Tout disparaît ou change de face lorsque je pense à l'éternité. Sciences abstraites, quelque éclatantes et sublimes que vous soyez, vous n'êtes que vanité. Je vous abandonne. Je veux étudier la religion et la morale. Je veux travailler à ma perfection et à mon bonheur [1]. »

Oui, à mesure que son génie se déployait, et que la maturité de l'âge ajoutait à son ardent amour pour Dieu et pour les hommes, telles étaient les dispositions les plus sincères du P. Gratry.

C'est alors que s'ouvrit la période si agitée et si troublée du concile. Il eût mieux valu pour lui, assurément, demeurer dans les paisibles contemplations de cette philosophie chrétienne, à l'aide de laquelle il espérait rendre un jour les hommes moins malheureux et moins méchants.

Mais on lui fit une obligation de conscience de prendre une part active à une lutte à laquelle ses travaux antérieurs ne l'avaient peut-être pas suffisamment préparé. Il craignit de paraître céder à un besoin égoïste de repos, s'il refusait de combattre; et cet homme, qui a eu jusqu'à la dernière heure de sa vie la naïve

[1] Malebranche, 9e *Médit. chrét.*

simplicité d'un enfant; cet homme, qui ne soupçonnait pas qu'on pût porter autre chose dans les polémiques religieuses que l'amour de la vérité et la pratique de la charité, s'engagea dans la mêlée sans compter ni avec le péril ni avec ses forces. Il y devait recevoir et il y reçut plus d'une sanglante blessure. Nul doute qu'elles n'aient abrégé sa vie.

Certes, il a pu se tromper en soutenant sur tel et tel point d'histoire ecclésiastique ou de droit canon des opinions que la décision solennelle du concile n'a pas ratifiées. Il se trompa du moins en prêtre qui, au-dessus de toutes les questions et controverses particulières, n'avait pas cessé un seul instant de placer le dévouement le plus filial à l'Église et la plus sincère obéissance à sa divine hiérarchie.

Là où j'affirme qu'il ne s'est pas trompé, c'est lorsqu'il a supporté avec la plus angélique patience les injures atroces dont il fut accablé sans relâche, tous les jours, pendant six mois.

Il ne se trompa point non plus lorsque,

fidèle quand même aux constantes maximes de mansuétude et de charité qui avaient inspiré toute sa vie, il ne fit jamais entendre une parole amère contre ceux qui le ménageaient si peu, et prenaient un plaisir si peu chrétien à jeter sur lui du fiel et de la boue.

Il ne se trompa point surtout lorsque, guidé par les sûrs instincts de l'humilité et de la foi, il écrivit au vénérable archevêque de Paris cette lettre si courte et si pleine, qui disait tant de choses en si peu de mots et qui révélait jusqu'au fond de son âme, dans l'admirable simplicité de l'obéissance sacerdotale [1].

Si le Père avait été surpris lorsque, au milieu des ardeurs de la polémique, il avait entendu mettre en doute sa foi, cette foi pour laquelle il avait déjà tant travaillé et tant souffert, je dirai, et ce trait achèvera de le peindre

[1] Quelque temps après, écrivant à un de ses confrères de l'Académie, au sujet de quelques paroles regrettables qui avaient été prononcées à son occasion dans un discours public, il exprimait avec une admirable netteté les motifs de son adhésion aux décrets du concile. J'ai retrouvé la copie

au naturel, qu'il ne le fut guère moins lorsqu'il apprit qu'il avait donné une si grande édification à l'Église. C'est qu'en effet, pour cet esprit si net, si loyal, si droit, reconnaître

de cette lettre dans ses papiers, et je crois devoir la citer, à cause de son importance exceptionnelle :

« Mon bien cher et très-honoré confrère,

« L'estime et l'approbation de mes confrères dans ma vie publique d'écrivain est et sera toujours pour moi du plus haut prix.

« Lorsque l'ère de la polémique était ouverte dans l'Église, j'ai combattu selon ma conscience et mon droit ; vous m'avez approuvé et j'en étais heureux. Maintenant que la décision est intervenue, vous m'approuvez de m'y soumettre, j'en suis certain.

« Que feraient aujourd'hui saint François de Sales, saint Vincent de Paul, Fénelon et Bossuet? Vous le savez, nous le savons tous ; aucun d'eux n'aurait un instant la pensée de se séparer de l'Église.

« Cette pensée, vous êtes bien assuré que je ne l'ai pas ; et si je l'avais, vous m'arrêteriez dans son exécution, vous et tous mes confrères sans exception ; voilà ce dont je suis heureux.

« Sans vous entraîner sur le terrain théologique, permettez-moi de vous livrer incidemment, et comme sujet de conversation, une remarque : c'est que j'ai combattu l'infaillibilité ses erreurs, c'était, je cite ses propres expressions, « faire acte d'honneur intellectuel, et produire l'acte scientifique le plus haut. »

C'est par cet acte scientifique, qui se trouvait être en même temps un grand exemple moral dans un temps où l'orgueil et l'obsti-

inspirée; le décret du concile repousse l'infaillibilité inspirée. J'ai combattu l'infaillibilité *personnelle;* le décret pose l'infaillibilité *officielle.* Des écrivains de l'école que je crois excessive ne voulaient plus de l'infaillibilité *ex cathedra,* comme étant une limite trop étroite; le décret pose l'infaillibilité *ex cathedra.* Je craignais presque l'infaillibilité *scientifique*, l'infaillibilité *politique* et *gouvernementale,* et le décret ne pose que l'infaillibilité *doctrinale*, en matière de foi et de mœurs.

« Tout cela ne veut pas dire que je n'ai pas commis d'erreurs dans ma polémique. J'en ai commis sans doute sur ce sujet et sur d'autres; mais, dès que je connais une erreur, je l'efface et ne m'en sens pas humilié. »

Au moment où le P. Gratry écrivait cette lettre, il ne connaissait pas encore la lettre des évêques suisses, qui allait lui donner si complétement raison, et au sujet de laquelle il eut encore la force de dicter quelques pages dans la première quinzaine de janvier. On sait que l'explication de la constitution *Pastor æternus,* donnée par l'épiscopat suisse, a été, de la part de S. S. le pape Pie IX, l'objet d'un bref d'approbation. Leur commentaire a donc la plus haute autorité possible.

nation multiplient les scandales, que se termina la carrière publique du P. Gratry.

III

Depuis plusieurs années, le P. Gratry observait avec inquiétude les symptômes de décadence et de dépérissement que la France impériale essayait vainement de dissimuler sous les panégyriques de ses orateurs officiels. Après avoir abdiqué sa liberté en 1851, par peur du spectre rouge, le pays se laissait conduire vers d'autres abîmes par des chemins semés de fleurs. Le scepticisme politique, qui avait fait bon marché des libertés nécessaires, avait bien vite attiré après lui d'autres scepticismes plus dangereux encore, et une corruption effrénée, s'étendant de proche en proche, gagnait rapidement toutes les parties du corps social.

Que de fois, dans ses dernières années, le P. Gratry, épanchant son âme avec ses plus intimes amis, gémissait de voir la France descendre ces pentes déshonorées, et se préparer par sa faute des malheurs peut-être irréparables! Avec quelle énergie de langage il flétrissait ces sophistes de la politique, scribes ou orateurs, qui entretenaient le souverain dans ses illusions par leurs flatteries, et le pays dans sa léthargie par leurs mensonges!

Le P. Gratry n'était ni moins attristé, ni moins effrayé du progrès de ces doctrines brutales qui, transportées de la morale et de la métaphysique dans le domaine des questions pratiques, niaient résolûment tout principe, faisaient abstraction de tout devoir, et prêchaient avec un cynisme menaçant les thèses les plus radicales du socialisme révolutionnaire et athée!

Que pouvait l'humble et paisible penseur, pour combattre ces mortelles ennemies de la grandeur nationale, la corruption des satisfaits et la barbarie des mécontents? Par quel effort un homme étranger à la politique et aux affaires pouvait-il arrêter ce torrent d'iniquités et d'absurdités dont le flot grossissant menaçait la France des suprêmes écroulements ?

Il pouvait du moins avertir le pays. Il le fit par ce beau livre de la *Morale et de la loi de l'histoire*, qui aurait produit plus d'effet s'il avait été plus court, et qui était à la fois un cri d'alarme et un cri de ralliement.

Hélas! il était presque trop tard pour avertir les uns et pour changer les autres! S'il n'y a pas de fatalité dans les choses humaines, il y a encore bien moins de hasard : les révolutions de l'histoire, comme les vicissitudes de la vie individuelle, obéissent, malgré les inconséquences des hommes, à des principes dont la logique fait tôt ou tard la rigoureuse application. On avait semé le vent, on devait recueillir les tempêtes ; on avait semé la corruption, on allait recueillir la dissolution et la mort.

Les douloureuses polémiques de 1870, et l'excessive contention d'esprit qu'elles avaient imposée au P. Gratry, avaient déjà eu pour sa santé de fâcheuses conséquences, lorsque éclata la terrible guerre avec la Prusse.

Retiré pendant l'hiver à Pau, au sein de l'honorable famille qui avait autrefois prodigué des soins si affectueux à M. Ampère et à l'abbé Perreyve, il suivait avec anxiété toutes les péripéties de l'horrible drame qui couvrait la France de décombres et de sang. Chaque bataille, chaque désastre, chaque humiliation nouvelle, retentissaient profondément dans cette âme où la préoccupation de la grandeur et de la prospérité de la France avait toujours tenu une si grande place.

Plus que d'autres d'ailleurs, et par tempérament autant que par disposition morale, le P. Gratry avait eu toute sa vie une horreur particulière de la violence. La vue du sang lui faisait physiquement mal. Que ne dut-il donc pas souffrir pendant cette demi-année où le sang coula véritablement à flots, le sang de ces hommes auxquels il avait tant de fois prêché la fraternité, et qu'il avait si souvent, au nom de l'Évangile de Jésus-Christ, invités à ne faire tous qu'un cœur et qu'une âme, pour établir sur la terre le règne de la justice

Mais aussi par quels accents il savait relever les courages abattus ! Avec quelle miséricordieuse tendresse il compatissait aux douleurs de tant d'êtres que les fureurs des batailles venaient chaque jour atteindre dans leurs plus chères affections ! J'en trouve le touchant témoignage dans une lettre qu'il adressait, en février 1871, à la jeune fille dont tout Paris a connu et partagé le deuil, en apprenant que son fiancé, cet artiste sur le front duquel brillait déjà un rayon de gloire, avait été frappé d'une balle, sous les murs de Paris, dans la néfaste journée de Montretout :

« Mon enfant, ma bien chère enfant, qu'ai-je à vous demander ? J'ai à vous demander l'immense héroïsme de ne pas fléchir jusqu'au désespoir. Maintenez-vous dans la vie, et bientôt dans l'activité. Soyez un des instruments de cette cause pour laquelle il est mort.

« Mourir pour une cause sacrée ne saurait être néant et vanité. Cela est grand et a une suite. Un pareil acte, un pareil don de soi, est une réalité qui subsiste.

« Rien de petit ne se perd; à plus forte raison, rien de grand. Tout martyr a sa vie éternelle, en pleine et solide vérité.

« Mon enfant, élevez votre âme très-haut. Ce monde n'est pas un jeu cruel, ni une apparence vaine. Le triomphe de toute justice et de tout bien est assuré, le triomphe de la vie sur la mort est certain. Lorsque deux êtres se sont donné la main et ont dit: pour toujours, ils se retrouveront, quoi qu'il arrive. » « Lors-
« que deux d'entre vous, dit le Christ, sont
« d'accord sur la terre, quoi qu'ils demandent,
« ils l'obtiendront. » « Si vous avez demandé le bonheur éternel et l'amour éternel, vous l'obtiendrez. Notre Père est un père, et il est tout-puissant. »

Il n'est pas possible que de telles paroles n'aient rendu courage, confiance, espoir, à la pauvre enfant dont le cœur avait été si profondément meurtri ! Vues dans cette splendide lumière de la foi et de l'espérance chrétienne, les plus grandes douleurs se transfigurent, et l'âme la plus brisée devient, par le don d'elle-même à toutes les souffrances de ce monde, l'âme la plus capable de verser sur les maux innombrables des hommes les plus efficaces consolations.

Enfin, l'effroyable duel des deux peuples était terminé ; l'armistice venait d'être conclu ; on s'acheminait vers la paix, paix cruelle, il est vrai, mais paix nécessaire, et qui du moins allait mettre un terme aux hécatombes humaines. Le P. Gratry était rentré à Paris, comptant, après de si longs mois d'interruption, reprendre son travail, et toujours plein d'ardeur pour cette grande œuvre de la pacification du monde par la vérité et la justice qui avait été la pensée dominante de sa vie.

Mais, quelques jours à peine après son retour, éclatait l'ignoble révolution du 18 mars. Au moment même où on croyait avoir épuisé la coupe des humiliations et des désastres, il fallait boire à une coupe plus amère encore, et y boire de la fange mélangée avec du sang. Le cœur du pauvre Père fut de nouveau brisé. Retiré à Versailles, puis en Belgique, jusqu'au moment où l'héroïsme de notre armée eut rendu libre l'entrée de la capitale, il passa par une véritable agonie morale lorsqu'il apprit les sinistres événements des derniers jours de mai, l'assassinat des otages, les incendies de Paris, et la France déshonorée par la plus inepte des barbaries devant ses ennemis triomphants.

Il revint cependant à Paris, et même reprit courageusement ses leçons à la Sorbonne pendant le mois de juin.

Ce fut au commencement de septembre qu'apparurent les premiers symptômes du mal qui devait nous l'enlever si rapidement, après lui avoir infligé les plus cruelles tortures. Une petite grosseur s'était formée sous la joue gauche, et semblait au commencement n'être que le gonflement anormal d'une des glandes maxillaires [1].

On lui conseilla alors d'aller passer quelques semaines à Montreux, sur les bords du lac de Genève. Il y devait faire pendant l'automne une cure de raisin, à l'aide de laquelle on espérait arrêter le mal dans son principe [2].

[1] Il écrivait le 4 septembre : « Je suis très-souffrant de cette tumeur au cou. Je ne sais comment je sortirai de tout ceci. Si vous saviez toutes mes complications et peines, vous m'écririez souvent pour me consoler. Un seul point devient plus simple dans mon être : c'est la résolution du bien complet, de l'Évangile entier, la substance surnaturelle de l'amour divin, remède à tous les maux du genre humain. Lisez toujours saint Jean, chapitre XVII. »

[2] Il arriva à Montreux le 8 octobre. Le 12, il écrivait cette lettre à la fois si originale et si touchante :

« Arrivé en ce lieu depuis quatre jours. Pluie et froid. Auberges et pensions remplies. Cherté odieuse; exploitation radicale de l'étranger. Le mal local augmente toujours, et l'on n'aperçoit pas d'issue.

« Mais je m'efforce par la prière de surmonter tout cela, et de rester dans la patience et la sérénité.

« Je pense à ceux qui sont plus malades que moi, qui n'ont pas un ami, pas un morceau de pain, pas un abri, et qui

Il n'en fut rien. La tumeur grossit en quelques semaines avec une rapidité effrayante. Dès le mois de novembre, elle formait une masse compacte et dure, qui devait bientôt s'étendre jusqu'à l'épaule, peser d'un poids très-lourd sur la mâchoire inférieure et le larynx, et bientôt déterminer de graves accidents. La difficulté de la mastication et de la déglutition des aliments solides fut bientôt telle qu'on dut se borner à le soutenir par des aliments liquides ; et encore, fallut-il en diminuer de jour en jour la quantité, pour ne pas l'exposer à de périlleuses suffocations. Si quelque accident plus terrible ne survenait pas, le P. Gratry était condamné à mourir d'inanition.

La Providence lui fit rencontrer à Montreux une famille d'Alsace qu'il avait beaucoup connue autrefois à Strasbourg, et qui se consacra tout entière à le soigner jour et

sollicitent, avec un espoir incertain, leur entrée dans un hôpital.

« Courage, mon enfant! *Sursum corda!* »

nuit, avec le plus touchant et le plus infatigable dévouement. Les nombreux amis du P. Gratry seront toujours reconnaissants à cette excellente famille de ce qu'elle n'a cessé de faire pendant quatre mois, pour adoucir les souffrances de notre Père. Sa sœur vint aussi s'établir près de lui au commencement de janvier, et lui prodiguer toutes les sollicitudes et toutes les tendresses de son affection. Enfin, à deux reprises, son beau-frère, M. le docteur Lustreman, médecin en chef de l'armée de Versailles, s'arracha à ses nombreuses occupations pour se rendre à Montreux, et mettre sa longue expérience, avec le plus fraternel dévouement, au service du pauvre malade.

Les soins les plus intelligents [1] et les plus consolants lui furent donc prodigués jusqu'au bout. Mais rien ne put arrêter la marche inexorable du mal. La tumeur grossissait tou-

[1] Nous tenons à remercier très-particulièrement ici M. le docteur Carrard, de Montreux.

jours, et, dès la mi-janvier, elle rendait la parole difficile, à cause du déplacement de la mâchoire inférieure.

Plus heureux que moi, mon frère Charles avait pu partir de Paris dès le 16 janvier. Je ne le rejoignis que le 29. Il nous a été ainsi donné d'être les témoins des derniers jours du P. Gratry.

Il ne me reste plus maintenant qu'à transcrire simplement les souvenirs que nous avons gardés de ces jours suprêmes.

Nous avons noté aussi fidèlement que possible ce que le Père a dit et fait dans les derniers moments de sa vie terrestre. On nous saura gré, je pense, de reproduire ces *novissima verba*, et peut-être y aura-t-il à recueillir là non-seulement de pieuses émotions, mais de salutaires exemples. Car, si la plus précieuse de toutes les sciences est la science du bien mourir, quiconque nous apprend à quitter la vie avec courage, avec foi, avec amour, nous rend le plus signalé des services. Le P. Gratry a eu l'honneur de couronner les enseignements de sa vie par les enseignements plus décisifs de sa mort.

IV

Pendant son séjour à Montreux, le P. Gratry n'avait pas cessé de travailler, autant que le lui permettait l'affaiblissement progressif et rapide de ses forces. L'été précédent, au milieu de toutes les agitations de ses voyages, il avait commencé à écrire un commentaire de l'Évangile de saint Marc. Il le continua, mais sans pouvoir mener jusqu'au bout ce labeur dont il aurait bien pu dire, avec saint Augustin, qu'il en sentait plus le bonheur que la fatigue : *Quum amatur, non laboratur, aut si laboratur, labor amatur.*

Les amis du P. Gratry se rappellent cet Évangile grec-latin qu'on trouvait toujours ouvert sur sa table quand on l'allait voir. Cet Évangile, criblé de notes et de coups de crayon, l'accompagnait partout. Aussi bien, dirai-je que je n'ai jamais connu aucun homme qui ait, au même degré que le P. Gratry, vécu dans un commerce plus intime avec l'Évangile, c'est-à-dire avec l'histoire, la doctrine, les paroles, les sentiments, la personne, le cœur même de N.-S. Jésus-Christ. Assurément il connaissait bien tout le recueil de nos saintes Écritures, et l'Ancien Testament comme les écrits apostoliques; mais les Évangiles ne sortaient jamais de sa pensée. Il y a peu d'années encore, il s'était imposé la tâche d'apprendre par cœur tous les discours de Notre-Seigneur contenus dans l'Évangile de St-Jean : *verba Verbi.*

Il s'était donc fait, chez lui, une véritable assimilation entre ses pensées et les pensées du Sauveur. Il n'y avait pas une seule question sur laquelle les idées du Verbe incarné ne lui fussent aussi présentes que les siennes propres. Tel est, selon moi, le secret de la puissance extraordinaire exercée sur les âmes par ses paroles et par ses écrits.

Mais, dans les derniers jours de sa vie, ce

fut moins encore la vérité divine de l'Évangile que son infinie charité dont cette belle âme fit rayonner autour d'elle la douce et vivifiante splendeur. A mesure qu'il approchait du terme de son pèlerinage terrestre, à mesure que le progrès du mal lui rendait la parole plus difficile et le faisait entrer davantage dans le silence, la vie de la charité semblait affluer davantage au cœur. Ses lettres étaient plus que jamais empreintes de ce sentiment d'amour surnaturel pour Dieu et pour les âmes. Ses gestes eux-mêmes exprimaient surtout la suavité et la douceur intérieures où son âme s'établissait de plus en plus. Comme l'apôtre de l'amour, il en arrivait à ne presque plus dire qu'une seule chose : « Mes enfants, aimons-nous, soyons vraiment frères ; » *Filioli, diligite alterutrum.*

A l'égard de ceux qui l'avaient tant fait souffrir, pas une parole de récrimination, pas un souvenir amer. Dans les derniers jours de décembre il reçut, à l'occasion de son adhésion aux décrets du concile [1], une lettre remplie des reproches les plus durs, et, pour joindre la dérision à l'injure, l'auteur envoyait avec sa lettre une image sur laquelle il avait écrit : *Votre ami.*

Voici la réponse du Père, telle que me la donne un brouillon trouvé dans ses papiers :

« Monsieur, bénédiction pour malédiction.

« Sur l'image que vous m'envoyez, je lis ce mot de votre main : « Un ami. »

« Eh bien! monsieur, j'accepte. Je ne vois que ce seul mot dans votre lettre, et je m'y tiens.

« Je vous tends ma main fraternelle; prenez-la. Si vous le faites, comme je l'espère, si vous sentez la charité de Jésus-Christ comme je la sens, voici ce qui arrivera.

« Vous prendrez connaissance, en une heure, de mon présent et de mon passé, et vous aurez la joie de reconnaître que je suis, depuis mon enfance jusqu'aujourd'hui, mal-

[1] Cette lettre lui fut adressée de Genève. Le signataire s'intitulait *citoyen vaudois et prêtre chrétien.*

gré mes misères et mes fautes, le serviteur et l'adorateur de la vérité seule. »

Puisse cet élan de charité, parti du cœur d'un mourant, avoir touché le pauvre homme qui l'avait si indignement injurié! Quand j'ai su qu'il avait grossièrement insulté notre malade, j'ai été tenté de lui en vouloir; mais il y a mieux à faire, c'est d'imiter les sentiments de ce cœur si bon et si fidèle imitateur de la bonté de Notre-Seigneur : *Pater, dimitte illis.*

Dès le jour de mon arrivée auprès du Père, un détail me révéla cet état d'âme où l'infinie charité allait pour ainsi dire absorber tous les autres sentiments et devenir l'harmonie finale de sa vie.

On se rappelle comment, à deux reprises, dans sa carrière d'écrivain au service de la philosophie et de la théologie chrétiennes, le P. Gratry s'était cru obligé de lutter publiquement contre M. Vacherot, ou, pour parler avec une complète exactitude, contre les idées exposées par M. Vacherot dans ses ouvrages; car jamais, je le sais, et j'en puis rendre témoignage, jamais les vivacités de ces deux polémiques n'avaient empêché le P. Gratry de parler avec une haute estime du caractère si honorable de l'adversaire qu'il avait combattu exclusivement sur le terrain de la philosophie et de l'exégèse.

Peu de jours avant mon départ pour Montreux, j'avais rencontré M. Vacherot à la réunion annuelle des anciens élèves de l'École normale, et il m'avait demandé avec un affectueux intérêt des nouvelles de notre malade.

Dès mon premier entretien avec le Père, je tins à lui répéter les cordiales paroles que m'avait dites à son sujet l'ancien directeur de l'École. « Cher enfant, me répondit-il, quand vous retournerez à Paris, portez-lui de ma part le baiser de paix. Je le lui aurais porté moi-même, si j'avais pu. Il y a quelque temps, je voulais lui écrire, pour lui dire combien j'étais touché de l'attitude si noble, si loyale, qu'il a prise à l'Assemblée. » Il ajouta ensuite : « Oh! la charité, la science de réunir les hommes! Depuis trois mois, comme j'ai pensé à cette science! Et il me semble que je l'ai trouvée! »

Et il joignit ses mains en levant les yeux au ciel. Ce geste si expressif, si beau, revenait à chaque instant dans les entretiens de ses derniers jours. Le Père le renouvela encore lorsque, après lui avoir nommé quelques personnes qui priaient tout particulièrement pour lui, j'ajoutai qu'un de nos confrères de l'Oratoire disait la messe tous les jours à son intention depuis six semaines : « Oh! voilà qui est bon, » me dit-il, tandis que l'expression d'un pieux attendrissement se peignait sur son visage.

Je tins à lui répéter aussi, dans ce premier entretien, les paroles de paternelle tendresse dont Mgr l'archevêque de Paris m'avait expressément chargé pour lui, et j'ajoutai que le vénérable prélat m'avait donné sa bénédiction pour la lui apporter. Le Père se montra très-reconnaissant de cette marque d'affectueuse estime que son évêque lui envoyait pour le consoler au milieu de ses douleurs.

Du reste, dès son arrivée en Suisse, il avait été accueilli par le clergé avec la plus parfaite bienveillance, et, tant qu'il avait eu la force de dire la messe, Mgr Marilley, évêque de Lausanne et de Genève, lui avait permis de la dire dans un oratoire privé, attenant à son appartement[1]. Cette grande consolation, du reste, lui était refusée depuis plusieurs semaines. Il eût été impossible au Père, à cause de son état de faiblesse, de se tenir debout pendant une demi-heure.

Mais, privations, souffrances, accablements, angoisses (et il en eut de très grandes pendant la période de formation de la tumeur, quand

[1] Quatre jours avant sa mort, le 3 février, Mgr l'évêque de Bethléem, abbé de Saint-Maurice, et quatre curés du canton de Vaud, vinrent exprès à Montreux pour exprimer au P. Gratry leurs cordiales sympathies. Je tiens à noter aussi la visite que lui fit, presque dans les dernières heures, M. Ernest Naville, de Genève, cet esprit si élevé, ce cœur si chrétien, avec qui le Père avait fait intime connaissance depuis la publication des *Pensées* de Maine de Biran.

il croyait à chaque instant, surtout pendant la nuit, qu'il allait étouffer), le P. Gratry supportait tout avec une admirable fermeté d'âme. Pas de plaintes, pas de lamentations, pas de murmures. Lui que son tempérament, exceptionnellement nerveux et impressionnable, avait souvent rendu trop sensible à de petites souffrances sans gravité, il nous étonnait par l'invincible patience avec laquelle il endurait de véritables tortures. C'est une des grâces les plus visibles que Dieu lui ait faites pendant les cinq mois de son douloureux martyre, et un des grands exemples que ce bien-aimé Père nous ait laissés.

D'ailleurs, on le retrouvait toujours lui-même jusque dans les plus petits détails. On sait de quel goût exquis il était doué pour la musique. Environ quinze jours avant sa mort, un musicien ambulant s'était arrêté sous ses fenêtres et avait joué je ne sais plus quelle mélodie d'un grand maître : « Ce n'est pas cela, dit le Père, c'est beaucoup trop lent. Tenez, dit-il à mon frère, portez-lui cette pièce de dix sous, dites-lui qu'un grand musicien l'écoute, et demandez-lui, ou de cesser de jouer cet air, ou de le jouer plus vite. » Le Savoyard ne se le fit pas dire deux fois. La mesure fut accélérée, et le Père dit : « Bien, bien, c'est cela maintenant. »

Le mercredi 31 janvier, juste une semaine avant sa mort, il eut avec mon frère Charles une assez longue conversation qui fut rédigée presque aussitôt après. Il attendait alors son beau-frère, M. le docteur Lustreman, dans l'espérance qu'une incision pourrait être faite dans la tumeur, et que ce serait peut-être pour lui l'acheminement vers la guérison.

« Si vous saviez, dit-il, dans son langage toujours si original et si saisissant, si vous saviez ce que c'est que de sentir qu'on descend continuellement, continuellement! Je sens cela tous les jours depuis six mois. J'étais d'abord en haut de la maison, au grenier. Je suis descendu dans l'appartement de maître, puis descendu encore, et maintenant, me voici à la cave... au souterrain... au cachot... oui, au cachot, à la cave, au souterrain... au caveau... au tombeau!

« Dans les premiers temps de ma maladie, lorsque j'ai commencé à voir la mort probable, j'ai dit à Dieu : « Je remets tout entre vos « mains. Mon âme est entre vos mains, je ne « m'inquiéterai de rien. » Mais voici que depuis que le danger s'est rapproché[1], depuis que je vois la mort de plus en plus probable, je tiens davantage à la vie, je sens un grand goût pour la vie! C'est que, depuis quelque temps, j'ai des idées, des idées si grandes, si pratiques, j'ai tant d'espérances ! »

« Espérances générales, lui demanda mon frère, ou espérances pour vous ? — Pour le genre humain, répondit-il. Oui, depuis quelque temps, je me suis fortifié à un tel degré dans mes convictions et dans mes espérances! Si j'avais seulement encore la force

[1] J'ai oublié de dire que, quelques jours auparavant, de lui-même, le Père avait demandé l'extrême-onction, qu'il avait reçue dans son fauteuil.

d'écrire ces choses! Mais cela ne fait pas qu'on guérisse, » ajouta-t-il aussitôt de lui-même.

Après quelques instants d'interruption, il reprit : « Surtout, pas d'inhumation précipitée. Je vous demande, mon cher enfant, ainsi qu'à mon beau-frère, d'y veiller. Les inhumations précipitées, c'est injuste, c'est affreux. »

Puis, après cette parenthèse significative, revenant à ses premières idées, il ajouta :

« Et les vertus chrétiennes! Je vois tant de choses! La chasteté, par exemple, combien elle est nécessaire! Je vois le type du vrai prêtre, de trente à cinquante ans, le sel de la terre (ici quelques mots que mon frère ne put saisir, car le pauvre Père parlait fort difficilement). C'est à partir de soixante ans que j'ai eu le plus d'idées. »

Pendant cet entretien, le Père n'avait pas cessé d'avoir la physionomie la plus calme.

Presque immédiatement après, il demanda à me voir. J'allai donc remplacer mon frère auprès de lui. Il s'était fait lire dans le journal de la veille les détails concernant la patriotique entreprise de la souscription nationale pour la délivrance du territoire. Il m'en parla et me demanda si je croyais qu'elle réussirait.

Puis, après quelques instants de silence, il m'adressa cette question :

— Ne serait-ce pas le moment de faire une trouée ?

Craignant qu'il ne fût revenu à la pensée de demander une incision dans sa tumeur, et sachant que cette incision était impraticable, je ne voulus pas répondre trop vite pour ne pas le fortifier dans une espérance qui serait devenue une déception.

— Où cela, mon Père, lui dis-je, faire une trouée ?

— Mais, reprit-il vivement, dans son capital, afin de hâter la marche de cette souscription, car il faut qu'elle réussisse.

Je fus ému jusqu'aux larmes. Ce grand citoyen, ce noble cœur oubliait entièrement son horrible martyre pour ne penser qu'à la mutilation de la patrie et aux moyens de la relever !

Amis, nous nous souviendrons, n'est-ce pas, de cette parole du Père mourant? et si l'effort actuel ne donne pas du premier coup un résultat suffisant, s'il faut quelque sacrifice plus décisif pour délivrer la France de l'odieuse présence de l'ennemi, nous n'hésiterons pas à obéir au mot d'ordre que ce vaillant cœur nous a laissé : *Nous ferons une trouée.*

Quelques jours après mon retour à Paris, on m'envoyait la copie de la lettre ci-jointe écrite par le P. Gratry, en ce même 31 janvier, à une personne qui avait sollicité ses prières pour le succès de l'œuvre :

« Mon enfant, bénédiction mille fois. Je suis dans l'enthousiasme de la souscription nationale. Ceci est de première grandeur. C'est d'une grandeur qui peut nous rendre l'estime de nous-mêmes et l'estime du monde entier. Ce jour-là, on pourra s'embrasser. »

Cette lettre, tracée au crayon, entièrement de la main du Père, est la dernière qu'il ait écrite.

Que tous les organes de la presse, qui patronnent la souscription nationale, reproduisent cette lettre. Qu'ils fassent entendre à tout le pays cette voix d'outre-tombe, et l'appel du P. Gratry vaudra des millions!

Le jeudi 1er février, le Père se leva à cinq heures du matin, prit du papier, un crayon, et écrivit quelques lignes sur un grand cahier. Il fut préoccupé toute cette journée d'une question de politique sacrée; car, nous ayant fait monter auprès de lui, Charles et moi, il nous fit chercher dans la Bible l'histoire de ce Jéroboam qui, scindant en deux le peuple de Dieu, s'était emparé du pouvoir sans avoir consulté la nation, avait installé officiellement, à Dan et à Béthel, le culte des veaux d'or, empêchant ainsi les tribus d'Israël de se rendre à Jérusalem et de retrouver, par l'unité religieuse, le chemin de l'unité politique. Il écouta fort attentivement la lecture de ce passage que je lui lus dans le texte latin. La lecture achevée, il nous recommanda d'y réfléchir pour lui en dire nos pensées le lendemain.

Le lendemain, en effet, malgré une nuit très-agitée, et dans laquelle il y avait eu un commencement de délire, il revint sur cette question et se fit faire une seconde lecture du même chapitre. Après quoi il nous dit :

— Écrivez.

Je pris du papier et un crayon, tandis que Charles se tenait le plus près possible de sa bouche pour ne rien perdre de ce qu'il allait dire.

Le Père dicta alors, sans hésitation, les phrases qui suivent :

« Tous les hommes sont frères, mais absolument frères, parce qu'ils sont tous rois et tous dieux : première vérité.

« Deuxième vérité. Ils deviennent bientôt, pour la plupart, Caïns, fils du diable, Satans, ennemis des hommes et de Dieu, sans liberté et incapables de liberté.

« Mais ils retrouvent la liberté royale et la divinité par l'adoption en Jésus-Christ.

« Comment cela se peut-il se faire ?

« Par un unique moyen. C'est qu'un homme peut mourir pour les siens, un roi peut mourir pour un peuple, et le dernier des mystères de la vie éternelle, c'est qu'un Dieu peut mourir pour un Dieu. »

Cette dictée achevée, il indiqua par un mot deux versets de l'Évangile de saint Jean, qu'il me fit écrire à la suite des phrases précédentes :

Propterea me diligit Pater, quia ego pono animam meam, ut iterum sumam eam.

Nemo tollit eam a me ; sed ego pono eam a me ipso, et potestatem habeo iterum sumendi eam. Hoc mandatum accepi a Patre meo. (Joan., x, 17, 18.)

Ce 2 février était la fête de la Purification de la sainte Vierge. Nous aurions bien désiré pouvoir, à cette occasion, apporter encore une fois la sainte communion à notre cher malade. Je lui en dis quelques mots ; mais il craignit de ne pouvoir avaler la sainte hostie, et, par respect pour le sacrement, il dut se priver de cette grande consolation.

D'heure en heure la faiblesse augmentait, et, avec elle, la presque impossibilité d'avaler même quelques cuillerées de liquides. Nous marchions rapidement vers la fin.

Tout le reste de ce jour (2 février), il fut très-agité, se levant, se couchant, se relevant, parfois voulant ôter ses vêtements, et répétant à plusieurs reprises cette parole qui est si souvent un symptôme de mort prochaine : « Je veux m'en aller. »

Dans la crainte que cette agitation n'augmentât pendant la nuit, on fit le soir dans la tumeur une injection de morphine, et le malade fut pris d'un sommeil très-lourd qui dura toute la nuit.

Néanmoins, le samedi 3, toujours fidèle à ses habitudes de travail, il se leva à six heures, prit son grand cahier, essaya d'écrire; mais il put à peine tracer quelques mots presque illisibles, et ce fut sa sœur qui, devinant une pensée qu'il n'avait plus la force d'exprimer, écrivit sur ce càhier le mot qui la complétait.

Il nous fit cependant monter près de lui, Charles et moi. A peine nous eut-il vus, et quand nous l'eûmes embrassé: « Vite au travail, » nous dit-il. Je lui répondis: « Oui, mon bon père, au travail, pour que le règne de Notre-Seigneur arrive et pour que les hommes deviennent meilleurs. » Un doux sourire illumina son visage.

Nous nous demandions si cette préoccupation de travail n'était pas une simple agitation fébrile, ou si elle allait se rattacher aux pensées qu'il avait dictées la veille.

Il demanda qu'on lui relût les phrases précédemment citées. Après quoi, il me dit: « Ajoutez: « Et Dieu peut mourir pour ce « qu'il aime. »

« *Ce* au neutre, » dit-il, parce qu'il s'était aperçu qu'en relisant tout haut cette phrase, j'avais prononcé *ceux*.

Le sommeil le reprit; puis il se réveilla de nouveau au bout de quelque temps pour dire à la personne qui se trouvait alors près de lui : « La France! la France! » — « Mon Père, lui fut-il répondu, la France ne périra pas ; elle a de trop bons serviteurs. » Il fit un geste qui exprimait combien il était touché de cette pensée et de cette espérance.

Le dimanche, on voulut lui persuader de prendre une cuillerée de bouillon. Il répondit distinctement : « Jamais, » puis leva la main et montra le ciel. A partir de ce moment, il cessa en effet de prendre aucune nourriture.

Le même jour, dans l'après-midi, son beau-frère, M. le docteur Lustreman, et son neveu, arrivèrent de Paris. Il les reçut très-affectueusement ; mais il était si affaibli qu'il n'exprima pas ce désir d'une opération dont il avait paru préoccupé les jours précédents.

Quand j'arrivai près de lui le lundi matin, 5, voyant qu'il ne pouvait plus parler, et que le dénoûment ne pouvait être très-éloigné, je lui proposai de réciter quelques prières tout haut, de prononcer en son nom l'acte de contrition, de lui donner l'absolution, enfin de lui appliquer l'indulgence plénière, en lui faisant baiser un crucifix que j'avais porté avec moi dans la campagne des Ardennes, et qui avait déjà été la consolation de tant de mourants. Il me témoigna par signes qu'il adhérait à tout, et baisa pieusement la croix. Ses yeux étaient fermés. Après quelque temps je vis qu'il cherchait, en tendant les mains, à savoir s'il y avait quelqu'un près de lui. « Mon père, lui dis-je alors, vous savez bien que vos enfants sont autour de vous. » Je vis qu'il m'avait compris, car de sa main droite il me caressa tendrement la figure. J'ajoutai alors : « Mon cher père, c'est vous qui m'avez appelé au service de Dieu ; c'est à vous, après lui, que je dois ma vocation. Vous souvenez-vous, lorsqu'il y a vingt-cinq ans, à l'École normale, vous me répétiez si souvent la parole du Sauveur dans l'Évangile : *Amice, ascende superius ?* » Il me serra la main, pour me montrer qu'il entendait et comprenait.

Alors je m'agenouillai et lui dis: « Mon bon père, bénissez-moi, et Charles aussi. » Et il posa sa main sur ma tête.

J'ai partagé en esprit cette précieuse bénédiction avec tous ceux de ses enfants spirituels et de ses amis qui devaient m'envier le bonheur de l'avoir reçue. Pour moi, elle était comme la divine conclusion de la mission que ce bien-aimé père avait remplie depuis longtemps à mon égard. C'est lui dont la parole ardente avait soulevé mon âme au-dessus des étroits horizons de la vie présente, pour la jeter dans le dévouement absolu de la consécration sacerdotale. Cette main, qui venait de me bénir en cette heure solennelle, était celle sur laquelle ma jeunesse s'était appuyée ; et, en retour, ma main consacrée s'était levée sur lui, pour lui pardonner encore une fois au nom du Dieu vivant, et enrichir son âme de tous les trésors de l'infinie miséricorde. Puis-je oublier que, il y a sept ans, quelques jours avant la mort d'Henri Perreyve, nous nous étions également bénis l'un l'autre, et promis de ne pas cesser de travailler ensemble pour Dieu et pour l'Église ?

Depuis l'après-midi du lundi jusqu'au mercredi, ce fut l'agonie, mais sans souffrances apparentes ; la respiration devenait de plus en plus embarrassée, mais le visage ne cessa pas d'être très-calme. M. le docteur Lustreman et mon frère le veillèrent dans la nuit du lundi au mardi. J'eus pour partage de le veiller avec son neveu dans la nuit du mardi au mercredi.

Ce fut la dernière.

Je n'essayerai pas de redire ici les impressions de cette veille solennelle.

Je ne pouvais plus rendre d'autre service au Père que d'humecter de temps en temps ses lèvres desséchées avec un pinceau trempé dans de l'eau. Déjà, depuis la veille, il n'était plus possible de lui faire avaler une seule goutte de liquide. La vie se consumait rapidement et allait bientôt s'éteindre. Cette respiration bruyante et cadencée, seul bruit dans le silence de la nuit, rappelait ces balanciers de nos grandes cathédrales qui, en mesurant seconde par seconde chaque parcelle du temps emportée dans le gouffre du passé, avertissent l'âme que l'éternité approche.

La mort était là, attendant sa proie ; la mort, que le maître avait si justement appelée « le procédé principal de la vie, apportant les données nouvelles, étant l'opération qui, si elle n'est pas misérablement faite à contre-sens, transporte en Dieu et réalise cette étonnante parole : sortir de soi pour entrer dans l'infini de Dieu[1] ! »

Quand, par un beau soir d'été, sur le bord de la mer, on voit le soleil descendre lentement à l'horizon, il vient un moment où le globe de feu s'enfonce dans les flots et semble s'y éteindre. Il n'y a là cependant qu'une apparence. Le soleil ne s'éteint pas ; il continue sa course radieuse et va éclairer d'autres mondes.

C'est sous cette image que, bien des fois, pendant ces dernières heures, m'apparaissait

[1] *Conn. de l'âme*, t. II, Épilogue.

cette lente et douce agonie. Cette âme, « toute faite de lumière et de paix[1], » il semblait qu'elle allait s'éteindre pour nous; et toutefois elle allait devenir plus lumineuse et entrer dans le monde des clartés immortelles. « Ceux qui enseignent la justice à plusieurs, dit le prophète Daniel, brilleront comme des étoiles pendant des éternités sans fin. *Qui ad justitiam erudiunt plurimos, quasi stellæ in perpetuas æternitates* » (Dan., XII, 3). Dans combien d'âmes d'ici-bas le P. Gratry n'a-t-il pas allumé l'amour de la justice! Ce sont comme autant d'éblouissantes lumières qui formeront sa couronne pour l'éternité.

Vers dix heures et demie du matin, le 7, nous étions tous dans sa chambre. Le moment solennel approchait[2]. Sa sœur était tout près de lui. Les respirations devenaient plus sac-

[1] Ce mot exquis est de M. Léopold de Gaillard.

[2] Un peu avant ce moment, la Bible à la main, je lisais le deuxième livre des Machabées. On pense avec quelle émotion, en face de cette agonie, se sont soulignés pour moi ces deux textes : *Erat magni sacerdotis in agone constituti exspectatio* (III, 21). *Hic est fratrum amator, et populi Israël,*

cadées et plus courtes. Tout d'un coup, une grande pâleur envahit le visage du mourant. Je me glissai dans la ruelle du lit; une dernière fois, je lui donnai l'absolution au nom de ce Jésus qu'il avait tant aimé, au nom de cette Église qu'il avait si vaillamment servie, et à laquelle il laissait, comme dernier gage de fidélité, l'édification de la plus tendre et de la plus filiale obéissance.

Il était onze heures et quart du matin, lorsqu'au milieu des larmes de tous les siens, et d'une voix entrecoupée par les sanglots, je récitai la belle prière *Subvenite*, suivie du *De profundis*.

Le P. Gratry était aux pieds du Sauveur Jésus; il venait de naître à la vie éternelle.

Hic est qui multum orat pro populo et universa sancta civitate (xv, 14).

Oh! oui, celui-là a bien aimé ses frères et l'universelle cité du genre humain! Et c'est pour elle qu'il prie maintenant.

Il y a quatre ans, le jour de Pâques, dans une chapelle de couvent[1], le P. Gratry avait parlé de la mort et des dispositions dans lesquelles il faut mourir. « Mourir et aller au Père, disait-il en commentant les paroles du Sauveur dans l'Évangile de saint Jean (XVI, 7), ce n'est pas aller à un état d'inertie, de contemplation inactive. Nous sommes les coopérateurs de Dieu : *Dei adjutores sumus.* Les saints, les élus de Dieu prient, donc ils travaillent, donc ils agissent. Et ils agissent et travaillent pour nous attirer près d'eux, avec Dieu. »

« Il faudrait, avait-il ajouté, se préparer à la mort, tous les soirs, par un acte d'amour. Il faudrait imiter le petit enfant qui, avant d'aller prendre son sommeil sous la garde de Dieu et des anges, va embrasser tout le monde, non-seulement son père, sa mère, ses frères, ses sœurs, mais aussi les étrangers qui se trouvent là. Et nous aussi, avant d'aller dormir,

[1] Chez les Dames de la Retraite, 12 avril 1868.

il nous faut embrasser tous les hommes par un acte de charité! Ce sera une nuit bénie! »

Mon père, c'est ce que vous avez fait! Comme l'enfant, dans la splendeur de sa naïve innocence, vous avez rayonné par la charité vers le monde tout entier! Avant de mourir, vous avez embrassé tous les hommes! Oh! votre sommeil sera béni!

Laissez donc un des aînés parmi ces enfants que vous avez si particulièrement aimés, laissez-le, au nom de tous les autres, vous dire, en se servant de vos propres paroles:

« Meurs, ô notre bien-aimé! meurs pour notre salut et pour le tien, pour obéir à Dieu, pour accomplir l'éternel mouvement de vie, pour délivrer ton âme des filets de la nature fausse, pour rentrer dans le sein de Dieu!

« Meurs, ô notre bien-aimé, nous te suivrons bientôt; nous ne verrons plus ton visage pendant un temps, mais ton cœur vivra dans les nôtres et nous l'y sentirons quelquefois tressaillir, comme nous le sentions ici-bas, et mieux encore!

« Soyons unis dans la mort comme nous l'avons été dans la vie!

« Que ton âme, en se recueillant, emporte un rayon de notre âme et les prémices de notre esprit vers l'éternel repos!

« Qu'un lien nous lie à toi, âme retirée du monde, et que ce lien nous dispose à mourir!

« Qu'un lien te rattache à nous, à nous qui sommes dans le monde, et que ce lien maintienne avec mystère quelque chose de ton être dans la demeure des vivants jusqu'au jour du réveil.

« Dors, ô notre bien-aimé, comme la semence dort sous l'écorce d'une plante fanée ; un jour tu fleuriras encore comme sous le soleil d'un nouveau printemps [1] ! »

A ces paroles de rendez-vous et d'espérance, je joindrai, comme une bénédiction que je n'ai pas le droit de garder pour moi seul, les lignes suivantes, trouvées dans les

[1] Je détache cette page incomparable d'un cahier de *Méditations inédites*, écrites il y a longtemps par le Père.

papiers du Père avec l'expression de ses dernières volontés, et qu'à cause de cela j'ai le droit d'appeler son *Testament spirituel :*

« Je laisse à tout être humain que j'ai jamais salué ou béni et à qui j'ai jamais adressé quelques paroles d'estime, d'affection ou d'amour, l'assurance que je l'aime et bénis deux ou trois fois plus que je ne l'avais dit.

« Je lui demande de prier pour moi, pour que j'arrive au royaume de l'amour, où je l'attirerai aussi par l'infinie bonté de notre Père.

« J'étends ceci à tous mes amis inconnus et à venir, et aussi loin que Dieu me permet de l'étendre, *omnibus hominibus* (saint Paul).

« Je les salue tous devant Dieu, je les bénis du fond du cœur, je leur demande de prier pour moi, et j'espère que je serai près d'eux, et avec eux, après ma mort plus que pendant ma vie! »

« Et à revoir, auprès du Père ! »

OUVRAGES DU P. GRATRY

PRÊTRE DE L'ORATOIRE DE L'IMMACULÉE CONCEPTION, PROFESSEUR DE THÉOLOGIE MORALE A LA SORBONNE ET MEMBRE DE L'ACADÉMIE FRANÇAISE.

De la Connaissance de Dieu. 7e édition. 2 beaux vol. in-8.......................... 12 fr. »

De la Connaissance de l'âme. 2 vol. in-8.......................... 12 fr. »

Logique. 2 vol. in-8.......................... 12 fr. »

— 2 vol. in-12.......................... 7 fr. 50

Les Sophistes et la Critique. In-8... 6 fr. »

Etude sur la sophistique contemporaine ou lettre à M. Vacherot, avec la réponse de M. Vacherot et la réplique du P. Gratry. 1 vol. in-8... 5 fr. »

— In-12.......................... 3 fr. »

Lettres sur la religion. 1 vol. in-8... 6 fr. »

— 1 vol. in-12.......................... 3 fr. »

Mois de Marie de l'Immaculée Conception. 1 vol. in-18.......................... 2 fr. 50

Les Sources. Première partie : CONSEILS POUR LA CONDUITE DE L'ESPRIT. 1 vol. in-18.......... 2 fr. »

— Deuxième partie : LE PREMIER ET LE DERNIER LIVRE DE LA SCIENCE DU DEVOIR. 1 vol. in-18..... 1 fr. 50

La Philosophie du credo. 1 vol. in-8. 5 fr. »

— 1 vol. in-12.......................... 2 fr. 50

Petit Manuel de critique. 1 vol. in-18. 1 fr. 50

Crise de la Foi. Trois conférences philosophiques de Saint-Étienne-du-Mont, 1863. 1 vol. in-18. 1 fr. 50

La Morale et la foi de l'histoire. 2 vol. in-8.......................... 12 fr. »

— 2 vol. in-12.......................... 7 fr. 50

Commentaire sur l'Évangile selon saint Matthieu. 2 vol. in-8.......................... 8 fr. »

Henri Perreyve. 2e édition. 1 vol. in-18. 2 fr. 50

www.ingramcontent.com/pod-product-compliance
Lightning Source LLC
LaVergne TN
LVHW020409230826
846091LV00004B/1214
9782011767998